运动健康100分
YunDongJianKang100Fen

叶 伟
王世英 主编

零基础学
散打

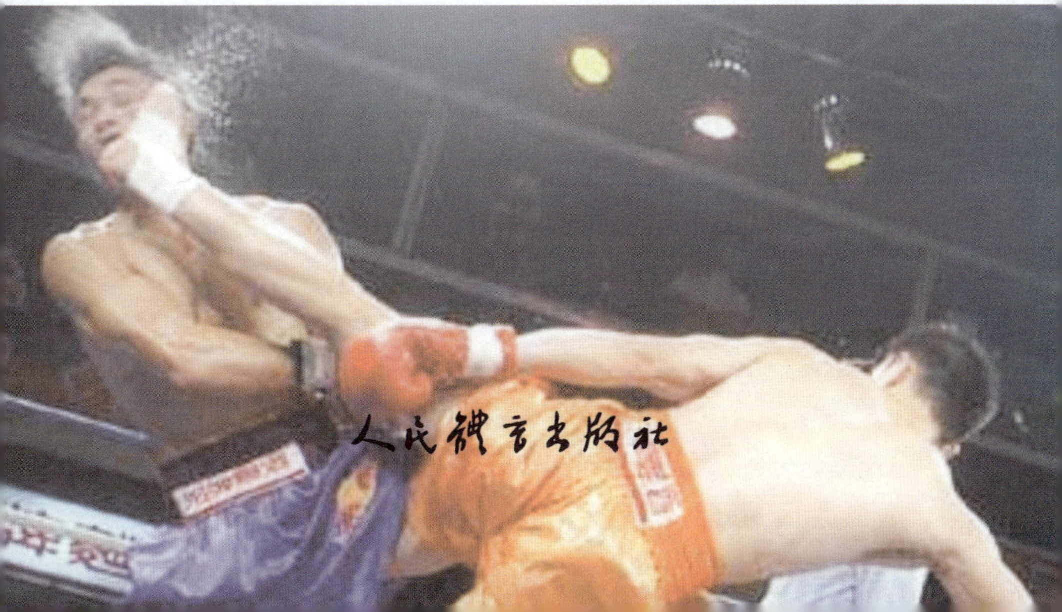

人民體育出版社

图书在版编目（CIP）数据

零基础学散打 / 叶伟，王世英主编. --北京：人民体育出版社，2021（2024.1重印）

ISBN 978-7-5009-5781-2

Ⅰ. ①零… Ⅱ. ①叶… ②王… Ⅲ. ①散打（武术）—基本知识—中国 Ⅳ. ①G852.4

中国版本图书馆 CIP 数据核字（2020）第053609号

*

人民体育出版社出版发行

三河兴达印务有限公司印刷

新 华 书 店 经 销

*

880×1230 32开本 5.5 印张 121 千字

2021 年 2 月第 1 版 2024 年 1 月第 2 次印刷

印数：3,001—5,000 册

*

ISBN 978-7-5009-5781-2

定价：38.00元

社址：北京市东城区体育馆路 8 号（天坛公园东门）

电话：67151482（发行部） 邮编：100061

传真：67151483 邮购：67118491

网址：www.psphpress.com

目 录

第一章 武术散打发展概况

武术散打是指两人按照一定的规则，运用武术中踢、打、摔和防守等技法，进行徒手格斗对抗的现代竞技体育项目，是中国武术的重要组成部分。武术散打与实用技击不完全一样，它从体育的观念出发，许多技法受到竞赛规则的制约，要最大限度地保护运动员的安全，使一项杀人的技术在人类文明的制约下尽显其体育属性。现代散打运动也不同于传统武技，是在传统武技基础上的继承和提高，在不违背竞赛规则的情况下，在竞赛中运动员可以使用武术各流派的技法。

第一节 武术散打简史

一、武术散打的起源及发展

生存，维护自身的安全是人类的原始本能。在远古时期，人们为了生存，获取生活资料，在狩猎实践中悟出了拳打、脚踢、绊摔、擒拿、跌扑等动作。私有制产生后，氏族社会、部落之间的战争时有发生，使用武力成了掠夺财富最主要的手段。求生的本能向人们提出了军事技能的要求，提出了对部落成员进行军事技能训练的任务。人与兽斗、人与人斗的本能活动，经过漫长的岁月和积累，一旦过渡到有意识的技击交流时，就产生了质的飞跃，这就是散打的萌芽。然而这远不是体育范畴的散打运动。

到了商周时期，人们的徒手格斗技术有了一定程度的发展。在商代，攻防格斗技术已被单独用来训练士兵。在周代，练武成为教育的一项重要内容，并有了专门的训练时间和内容。此时，习武已成为人们有意识、有目的、有组织的活动。

春秋战国时期，由于诸侯争霸，攻伐激烈，为争雄称霸，各国都重视“拳勇”“技击”对军队战斗力的影响，重视技击术在战场上的应用，并在平时积极进行训练，此时期的格斗技术发展到了一个新阶段。同时，攻防格斗的体育性质逐渐被人们认识，正如孙子曾指出“搏刺强士体”，比武除了较量武艺外，还有增强体质的作用。这种认识上的提高，是攻防格斗技术（散打）走向体育竞技的萌芽。比如，1975年在湖北江陵出土的秦墓中发现一个木蓖（图1-1），其弧形背面就有彩绘的“手搏”比赛场面，画面显示比赛在台上进行，其中还有一人双手前伸，作裁判状。

图1-1

到了隋唐五代时期，随着唐代“武举制”的实行，大大促进了武术攻防格斗技术的发展，使得练武之风盛行，武术的体育性质也更加明显，徒手格斗的竞技还初步具有了一定的竞技规则。唐朝时徒手格斗技艺的角力、角抵、手搏、相扑等曾混称并用，开展亦十分兴盛，并东传日本，对日本武道的发展贡献极大。

到了封建社会的后期，明、清时期，武术的发展逐步走向成熟，形式多样的拳种不断出现并得到人民群众的喜爱。由于不同拳种风格各异，打法不一，各种比武的形式开始广为流传，尤其是民间的“打擂台”更是受到普遍欢迎。比如各种节日宴会，擂主在公开场合搭上擂台，迎战所有的挑战者。这种比赛不用事先报名，来自各地的拳师只需地方同意就可以上台比武。比武的规则也是当事双方临时协商而定，没有统一的竞赛规则。

二、近代散打运动的发展

近代中国的国势衰微，许多有识之士认为“欲弱为强，必须先谋种族强盛。” 在“强种强国”理念的号召下，武术在当时曾一度兴盛，拳击之风蓬勃一时。

1927年在南京成立了“中央国术馆”。1928年10月，中央国术馆在南京举办“第一届国术国考”，国考设有散打比赛，采取双败淘汰制，三局两胜。比赛在长方形的场地上进行，对抗不限流派，不以体重分级，临时抽签分组比赛（图1–2）。

图1–2

1933年，中央国术馆在南京举办“第二届国术国考”，大部分省市都派代表队参加了本次比赛。当时的散打比赛以点到为止，没有时间限制，凡用手脚踢中对方任何部位都得一点（图1–3）。因此，为了在比赛中多得点，用脚尖踢中对方，或以手摸到对方的头发也算得一点。由于这种规则不规范的原因，导致双方皆不轻易出动作，在场上躲躲闪闪、跳来蹦去，当时的报纸评论“国术场成了斗鸡场”。

图1–3

1929年在浙江举办了“国术游艺大会”，其中参加散打比赛的运动员有125人。1933年，在南京举办的“全国运动大会”仍设有散打比赛项目。

虽然民国时期试图把“打擂台”这种形式以体育比赛的形式展现出来，却没有成功，但为新中国成立后武术攻防格斗形式的比赛进行了有益的探索。

三、现代散打运动的发展

中华人民共和国成立后，武术散打运动经历了一个曲折的发展过程。新中国成立后不久，散打运动的发展曾一度红火，可是由于考虑安全问题以及发展武术的重点在套路等多种原因，散打运动的发展十分谨慎、缓慢。后来的10年“文化大革命”中散打运动更是遭到了严酷的摧残，几乎绝迹。中国共产党十一届三中全会后，散打运动才得以恢复并逐步走向繁荣。

1978年，国家体委制定了“积极、稳妥”开展武术散打运动的方针。1979年，国家体委决定按照竞技体育的模式首先在浙江省体委、北京体育学院（现北京体育大学）和武汉体育学院3个单位进行武术散手项目的试点，以积累经验，逐步推广。

1980年10月，国家体委又调集散打试点单位的有关人员开始拟订《武术散打竞赛规则》（征求意见稿）。通过试验修改，于1982年1月制定了《武术散打竞赛规则》（初稿），并按此规则在北京举行了全国武术散打邀请赛。

1987年，提出在全国武术对抗性项目表演赛中采用设台比赛的办法。1988年，在兰州举行的散手表演赛中第一次设台比赛。自此，武术散打以擂台形式进行比赛被确定了下来，体现了武术的民族风格。

经过10年的摸索试验，散打运动于1989年被国家体委确定为体育正式竞赛项目，并于同年在江西宜春举行了第一次武术散打正式比赛——全国武术散打锦标赛（图1-4）。这次比赛正式采用《武术散打竞赛规则》。这标志着武术散打运动步入了一个新的发展阶段。

图1-4

1993年，第7届全国运动会开始把武术散打列为全运会正式比赛项目。1998年，散打运动又成为亚运会比赛项目。标志着我国的散打运动已成为国际综合性运动会的正式比赛项目。

此外，在民间各种形式的散打商业比赛也方兴未艾，比如散打王争霸赛，水上擂台争霸赛，武术散打俱乐部联赛以及中国散打与职业泰拳、美国拳击、日本空手道、韩国跆拳道、自由搏击的比赛等，使武术散打运动在世界武坛盛装开放。

第二节　武术散打的特点

一、技法丰富，实用性强

采用徒手的形式，以对手的身体为攻击目标，从世界武技使用技法的种类来看，基本有四种，即传统武术所说的“踢、打、摔、拿”。所谓“踢”，是指以腿法攻击对方身体的动作技术；所谓“打”，是指以手法攻击对方身体的动作技术；所谓“摔”，是指破坏对手身体平衡使之倒地的动作技术；所谓“拿”，是指利用人体反关节原理控制对方身体的关节部位使之不能随意运动的动作技术。依据技术动作时空性质的特征，踢、打、摔、拿四种技法又可归属于两类，即踢打类和摔拿类。目前较为成熟的主流徒手格斗竞技项目，绝大多数可以分别归属于踢打类和摔拿类，比如拳击、跆拳道、泰国拳、自由搏击等，属于踢打类的格斗项目，各种形式的摔跤以及柔道、合气道、桑搏等属于摔拿类格斗项目，唯独我国的散打运动比较例外，它综合了这两类项目的特点，技术体系别具一格，具有徒手格斗项目的综合特征（图1–5）。因此，散打运动的技法格外丰富，为运动员在竞技比赛中的巧妙变化预留了很大的空间，同时，在实际生活中防身自卫、擒敌搏斗时也更具有实用性。

图1–5

二、远踢、近打、贴身摔的技术特点

由于散打运动的技术方法丰富多样，包含了踢打摔拿的绝大多数技法，涵盖了远、中、近各种距离的时空特性，在散打运动长期发展的过程中，逐渐形成了远踢、近打、贴身摔的技术特点。即在距离较远时，可以采用腿法进攻和防守，在距离较近时，可以采用拳法进攻和防守，而当搏斗双方抱缠在一起时，就可以采用摔法进行攻防了。这种技术特点使其迥然有别于当今世界武坛的几大主流武技，尤其是以奥运会为代表的几项格斗运动，如拳击、跆拳道、柔道和摔跤，也有别于风格硬朗、强攻硬打的泰国拳，武术散打更为灵活多变。散打运动的这一技术特点使其适应面更广。

三、运动激烈而不失安全

散打运动的技术特点决定了其竞技的激烈性（图1-6）。在比赛中，运动员往往为了争夺1分，都要付出数倍的艰辛，要时刻根据对方的技术打法、风格特点、距离远近、身体强弱、反应快慢等多种因素进行准确的判断和果断的决策，犹犹豫豫往往被动挨打。因此，比赛双方运动员任何一方都不敢掉以轻心，麻痹大意。在远、中、近各种距离随时都有可能遭到对方的攻击。正因为双方拳来腿往的激烈竞争，变换多样，才使其魅力无穷。

图1-6

然而，这种激烈的竞技又是在有安全保障的前提条件下进行的。首先，规则对有可能造成对方严重受伤的技术方法进行了限制，同时还规定了在受到打击后容易受到重创的禁击部位，为运动员设置了第一道主动性安全屏障。其次，在比赛中运动员必须穿戴指定的护具，从上到下、从里到外基本上都处于护具的保护之下，即使在受到对方的打击之后，也能起到很好的保护作用，这为运动员设置了第二道被动性安全屏障。另外，比赛中的裁判员虽然是竞赛的执法者，但同时又是运动员的保护者。在某一方运动员出现倒地、重创等情况后，临场裁判员会及时喊停，根据相应情况采取不同的保护措施来保护运动员的安全。

第三节　武术散打的作用

一、防身自卫、保障安全

武术散打由实用格斗技击术演变而来，它的每一个技术动作都具有极强的实用攻防性，武术散打竞赛只是从体育的观念出发，受到竞赛规则的制约，严格规定了禁用方法和禁击部位，比赛中以不伤害对方为原则。长期练习散打运动，能够非常明显地提高自身的攻防格斗意识。在实际生活中遇到歹徒袭击时，能够在第一时间本能地做出躲避和防御的反应，并能进一步采取有效的反击。对于广大的军警，只要长期坚持练习散打运动，还能够提高制敌的本领，保卫人民的生命财产安全。

二、强身健体、磨炼意志

武术散打对人体的锻炼比较全面。武术散打的技术不仅包括拳法、腿法，还包括摔法，更有这些技术动作的组合，在实战练习中还需要不停地观察、判断，在瞬息万变的情况下根据不同的情形进行进攻或者防守。长期练习散打运动，能够极大地锻炼人体的灵活性和对意外情况的应变能力，提高人体的肌肉、韧带、骨骼等运动器官以及呼吸、循环、神经等系统的功能，增进人体健康。不仅如此，长期练习散打运动还能够磨炼人的意志，提高坚毅、勇敢、果断、敢为、乐群等优良的精神品质。

三、竞技观赏、丰富生活

武术散打竞技具有很高的观赏价值。在比赛中，竞技双方运动员激烈争夺所形成的动迅静定的节奏，踢、打、摔、跌巧妙结合所形成的精湛的攻防技巧，真真假假、虚虚实实的巧妙战术，有进有退、敢打敢拼的斗志，以及最后关头谁胜谁负的悬念，都可以给人一种美的享受和精神上的激励。在众多商业性赛事中，经过包装后的散打竞技，更能给人们带来强烈的视觉震撼和精神冲击，极大地丰富人们的文化生活（图1–7）。

图1–7

四、切磋武艺、增进友谊

中国的武术传统历来讲究“以武会友”，即通过习武的共同爱好，可以切磋技艺，扩大交往、交流思想、增进友谊。随着武术散打运动在世界上的广泛传播，还可促进与国外散打运动爱好者的交流，使他们通过练习散打运动，了解认识中国文化。通过散打运动的竞技比赛，还可以促进经贸往来，为经济的繁荣做出一定的贡献。

第四节　武术散打竞赛规则简介

一、竞赛基本常识

正式散打比赛在高0.8米，长、宽都是8米的正方形铺有软垫的擂台上进行。擂台四周铺有高30厘米，宽2米的保护软垫。商业性比赛为了比赛更为精彩激烈和便于视频转播，通常在带有围绳的擂台上进行。

现代格斗运动为了保障运动员起点的公平，都采用分体重级别的方式进行比赛，散打运动也不例外。在全国正式散打比赛中，共分为12个级别，依次为48、52、56、60、65、70、75、80、85、90、100、100以上公斤级。有些少年比赛根据具体情况还设有45、42、39公斤级的体重级别。

正式的散打比赛采用三局两胜制，每局比赛2分钟，局间休息1分钟，青少年比赛时间通常为1分30秒。所谓“比赛2分钟”，是指运动员比赛的净时间累计应该达到2分钟，也就是台上裁判喊“开始”开表计时，喊“停”则停表，累计时间达到2分钟，一局比赛结束，台上裁判员暂停处理场上有关事宜的时间不计算在内。

比赛中，运动员要穿着与比赛护具颜色相同的背心和短裤。护具分为红、蓝两种颜色。护具从上到下依次有护头、护齿、护胸、拳套和护裆。这些护具穿戴齐备后进行比赛，可以极大地保护运动员的安全。

散打比赛的得分部位有头部、躯干和大腿；禁止击打的部位有后脑、颈部和裆部。规则还规定了几种禁止使用的危险方法，它们分别是：禁止使用头、肘、膝和反关节技法攻击对方；禁止用迫使对方头部先着地的摔法或有意砸压对方；禁止用任何方法攻击倒地一方的头部。在青少年比赛中，为了保证安全，往往还规定禁止使用腿法击打对方头部或用拳法连续击打对方头部等。

二、得分标准

散打比赛中技术方法的得分有“得2分”“得1分”和“不得分”的区别。

得2分的情况有：一方下台，另一方得2分；一方倒地，站立者得2分；用腿法击中对方头部、躯干得2分；用主动倒地的动作致使对方倒地，而自己顺势站立者，得2分；被强制读秒1次，对方得2分；受警告1次，对方得2分。

得1分的情况有：用拳法击中对方头部、躯干得1分；用腿法击中对方大腿得1分；双方先后倒地，后倒地者得1分；被指定进攻后5秒钟内仍不进攻时，对方得1分；主动倒地3秒钟不起立，对方得1分；受劝告1次，对方得1分。

不得分的情况有：方法不清楚，效果不明显，不得分；双方下台或同时倒地，不得分；用方法主动倒地，对方不得分；抱缠时击中对方，不得分。

需要注意的是，这里所说的“击中”，并不是通常意义所说的打着就行，而是要产生撞击的效果。

第五节　武术散打段位制简介

一、武术散打的段位和运动员技术等级

武术散打的段位和运动员技术等级是针对不同的习练对象而设定的。武术散打早在1990年就依据《武术散打技术等级标准》设立了运动员等级制度，将武术散打运动员根据其技术水平的高低分为四个等级，从高到低依次是武英级、一级、二级、武童级。

武术段位制的制定则主要是为了推动武术运动在群众中的普及推广，于1997年设定的。它根据个人从事武术锻炼和武术活动的年限，掌握武术技术和理论的水平、研究成果、武德修养，以及对武术发展所做出的贡献，将从事武术散打运动的人员分为九段：初段位有一段、二段、三段；中段位有四段、五段、六段，

这也是运动技术的最高段位；高段位是荣誉段，分别为七段、八段、九段，详见表1–1、表1–2。

表1–1　申报武术散打段位的基本条件

段级	段位	基本条件
初段位	一段	凡注重武德修养，年龄达8周岁，可申请参加晋升一段考评。
	二段	凡注重武德修养，获得一段资格1年以上，可申请参加晋升二段考评。
	三段	凡注重武德修养，获得二段资格1年以上，可申请参加晋升三段考评。 获得武术散打三级运动员称号者，可被授予三段。
中段位	四段	凡注重武德修养，获得三段资格满2年者，可申请参加晋升四段考评。 凡获得武术散打二级运动员称号者，可被授予四段。
	五段	凡注重武德修养，获得四段资格满2年者，可申请参加晋升五段考评。 凡获得武术散打一级运动员称号者，可被授予五段。
	六段	凡注重武德修养，获得五段资格满2年者，可申请参加晋升六段考评。 凡获得武术散打运动健将称号者，可被授予六段。
高段位	七段	凡获得六段资格满6年，年满45周岁，取得一定成就，可申报七段。 凡获得武术散打国际级运动健将称号、年满45周岁者，可被授予七段。
	八段	须获得七段满7年，年满52周岁，取得较高成就，贡献显著，可申报八段。
	九段	须获得八段满8年，年满60周岁，武德高尚，贡献重大，可申报九段。

表1–2　武术散打段位的考评内容

<table>
<tr><th>段级</th><th>段位</th><th>技术考评内容</th><th>标准</th><th colspan="2">理论考评</th></tr>
<tr><td rowspan="3">初段位</td><td>一段</td><td>1. 攻防组合套路
2. 跌法（前倒、后倒）
3. 摔法（贴身摔和接腿摔各1种）</td><td>≥7分</td><td colspan="2" rowspan="2">完整背诵“武德守则”</td></tr>
<tr><td>二段</td><td>1. 30秒拳腿摔组合空击
2. 条件实战（不得使用摔法，不得击打对方头部）</td><td>≥7.5分</td></tr>
<tr><td>三段</td><td>1. 30秒组合打靶
2. 条件实战（不得击打对方头部）</td><td>≥8分</td><td colspan="2">完整背诵“习武十诫”</td></tr>
<tr><td rowspan="3">中段位</td><td>四段</td><td>晋升段位比赛（拳法不能连击对方头部，腿法不得击打对方头部）</td><td>通过率≤75%</td><td>75分</td><td rowspan="3">开卷考试或500字习武心得</td></tr>
<tr><td>五段</td><td>晋升段位比赛（腿法不得击打对方头部）</td><td>通过率<65%</td><td>80分</td></tr>
<tr><td>六段</td><td>晋升段位比赛</td><td>通过率≤50%</td><td>85分</td></tr>
<tr><td rowspan="3">高段位</td><td>七段</td><td>1. 拳、腿、摔组合空击技术展示
2. 学术成果及个人业绩</td><td>≥8分；
≥160分</td><td colspan="2">闭卷考试或1500字论文</td></tr>
<tr><td>八段</td><td>学术成果及个人业绩</td><td colspan="3">≥85分</td></tr>
<tr><td>九段</td><td>学术成果及个人业绩</td><td colspan="3">≥90分</td></tr>
</table>

注：大于40周岁（含）申报中段位考评内容为：1. 组合空击；2. 条件实战。

二、武术散打的礼仪

武术散打的礼仪规范是从传统的武术礼法引用而来的，国际武术联合会规定统一采用“抱拳礼”。这是具有典型中国传统特色的礼法。“抱拳礼”由中国传统武术中的“作揖礼”和少林武术中的“抱拳礼”融合后，再加以提炼而形成，具有丰富的文化内涵。

其行礼方法是：两脚并拢站立，挺身立腰，左手四指伸直并拢，拇指内扣成掌，右手握拳，左掌掩住右拳由胸前向前平推，使两臂在胸前形成圆弧状，两眼注视受礼者（图1–8、图1–9）。整个动作的完成要自然、舒展、大方，精神饱满。其寓意为：右手握拳寓意尚武；左掌掩拳寓意崇德，以武会友；左掌四指并拢，寓意四海武林团结奋进；左手拇指屈曲内扣，寓意虚心求教，永不自大；两臂成圆，寓意天下武林是一家。

图1–8

图1–9

在散打比赛或训练中，由于戴着拳套，其行礼法与上述要求基本一致，只是左掌成拳，两手合抱于胸前，做“抱拳礼”动作即可。

在散打比赛中，还对礼节做了特别的规定。在每场比赛开始前介绍运动员时，运动员要向观众行抱拳礼。每局比赛开始前，运动员上台后须先向本方教练员行抱拳礼，教练员还礼；运动员再相互行抱拳礼。比赛结束后宣布比赛结果时，运动员交换站位。宣布结果后，运动员先相互行抱拳礼，再同时向台上裁判员行抱拳礼，裁判员回礼。然后向对方教练员行礼，教练员回礼。

第二章　武术散打基本技术

武术散打运动属于技能主导格斗对抗性项目，技术是散打运动员竞技能力的决定性因素，只有很好地掌握了散打技术，才有可能在比赛中取得胜利。

第一节　步法

步法在散打格斗中有着很重要的地位，“步不稳则拳乱、步不快则拳慢”表明步法是决定技术发挥的关键。步法在实战中主要作用有：一是配合攻防技术的运用，达到良好的攻防效果；二是保持身体的平衡；三是调整与对手之间的有效距离。

一、实战势

实战势分为左实战势和右实战势。一般人右臂比左臂有力，常采用左手在前，右手在后的左实战势。相反，左利手的人（俗称“左撇子”）则常采用右实战势。

下面以左实战势为例：两脚前后开立，两脚之间的距离约同肩宽。左脚全脚掌着地，右脚脚跟稍抬起；两膝微屈，身体重心在两腿之间，上体含胸收腹；左臂弯曲，左拳置于体前；右臂弯曲，右拳置于右下颌旁，两肘自然下垂并稍向里合，下颌内收，目视对手。（图2-1、图2-1附图）

图2-1

图2-1附图

二、常用步法

1. 前进步

从实战势开始，左脚提起，向前进步，右脚迅速蹬地跟进同样距离。注意前进时步幅不宜过大，后脚跟进要迅速，两脚贴着地面使重心向前推进。（图2–2～图2–4）

图2–2

图2–3

图2–4

（扫码看视频）

2. 后退步

从实战势开始，右脚向后退一步，左脚随右脚蹬地后撤，与前进步要求相同，贴地而行，重心平稳，不要有起伏。（图2–5 ~ 图2–8）

（扫码看视频）

图2–5

图2–6

图2–7

图2–8

3. 侧移步

（1）左侧移

从实战势开始，左脚向左侧移动，右脚随即向左侧移动，还原成实战势。注意移动迅速，重心平稳。（图2-9～图2-11）

（扫码看视频）

图2-9

图2-10

图2-11

（2）右侧移

从实战势开始，右脚向右侧移动，左脚随即向右侧移动，还原成实战势。注意移动要迅速，重心要平稳。（图2–12 ~ 图2–14）

图2–12

图2–13

图2–14

4. 垫步

（1）前垫步

（扫码看视频）

从实战势开始，后脚快速向前移动靠近前脚，前脚紧接着前移落步成实战势。注意移动要快，贴地而行，重心平稳。（图2-15～图2-18）

图2-15

图2-16

图2-17

图2-18

（2）后垫步

从实战势开始，前脚迅速后移向后脚靠近，后脚随即后移落步成实战势。要求与前移步相同。（图2-19～图2-21）

图2-19

图2-20

图2-21

5. 盖步

从实战势开始，右脚经左脚向前交叉上步，左脚紧接着向前上步，还原成实战势。注意脚步移动要快，重心要平稳。（图2–22～图2–24）

图2–22

图2–23

图2–24

6. 插步

从实战势开始，右脚经左脚向后交叉上步，左脚紧接着向前上步，还原成实战势。要求与盖步相同。（图2–25 ~ 图2–27）

图2–25

图2–26

图2–27

7. 纵步

（1）单腿纵步

从实战势开始，前腿提膝；同时，后脚快速蹬地向前移动，随即前脚落地成实战势。注意蹬地要迅猛，重心起伏要小，要贴地而行。（图2–28～图2–30）

图2–28

图2–29

图2–30

（扫码看视频）

（2）双腿纵步

两脚同时蹬地，使身体向前或后快速移动。要求同上。（图2-31～图2-33）

（扫码看视频）

图2-31

图2-32

图2-33

第二节　拳法

拳法技术在散打运动中常用的有直、摆、勾、鞭拳等几种。拳法具有速度快和灵活多变的特点，它能以最短的距离、最快的速度击中对手，且拳法容易与其他散打技术结合进行运用，从而给对手造成很大的威胁。

一、直拳

1. 后手直拳

实战势站立，右脚蹬地；同时，身体向左转髋、拧腰、送肩，右拳旋转沿直线向前击出，力达拳面；同时，左拳自然收回护于左下颌旁。（图2–34、图2–34附图）

注意：蹬转、拧腰、送肩，要一气呵成，打击要有穿透力。

图2–34

图2–34附图

（扫码看视频）

运用举例：

①后手直拳配合前进步可以击打对方头部。（图2-35）

图2-35

（扫码看视频）

②当对手用右手摆拳击打我头部时，我上步格挡，同时用后手直拳击打对方面部。（图2-36、图2-37）

图2-36

图2-37

（扫码看视频）

③当对手用右鞭腿攻击我肋部时，我快速上步用左拳格挡，同时运用后手直拳攻击对手面部。（图2-38～图2-40）

图2-38

图2-39

图2-40

（扫码看视频）

2. 前手直拳

左实战势站立，右脚微蹬地；同时，向右微转腰、送肩，左拳直线向前击出，力达拳面，右拳自然收于右下颌旁。（图2–41）

注意： 转腰、送肩快速连贯，出拳要有爆发力。要求同后手直拳。

图2–41

（扫码看视频）

图2–42

运用举例：

①前手直拳配合前进步可以击打对方面部。（图2–42）

（扫码看视频）

图2-43

②右手格挡对手左直拳或摆拳，上步用前手直拳攻击对手面部。（图2-43）

二、摆拳

1. 后手摆拳

实战势站立，右脚蹬地转体拧腰；同时，抬右臂，借助转体弧形横击，左拳自然收回于下颌旁。（图2-44～图2-46）

注意： 蹬地、转胯、拧腰与摆击要协调一致，在击中目标的刹那身体要制动，以便将转体的力量作用到拳上。

图2-44

图2-45

图2-46

（扫码看视频）

运用举例：

①运用后手摆拳配合前进步可以直接击打对手头部。（图2-47）

（扫码看视频）

图2-47

图2-48

②当我运用右鞭腿攻击对手被对手抱住时，可以顺势用右手摆拳攻击对手头部。（图2-48）

（扫码看视频）

③对方用右手摆拳或直拳进行攻击，我运用左手格挡；同时，用后手摆拳击打对手头部。（图2-49）

（扫码看视频）

图2-49

2. 前手摆拳

左实战势站立，左脚蹬地，上体右转；同时，左臂抬起向内弧形横击，右拳自然收于下颌旁。（图2-50 ~ 图2-52）

注意：要求同后手摆拳。

（扫码看视频）

图2-50

图2-51

图2-52

运用举例：

①运用前手摆拳可以击打对手头部。（图2-53）

（扫码看视频）

图2-53

图2-54

②当对手以左鞭腿攻击我肋部时，我右手进行防守；同时，用前手摆拳攻击对手面部。（图2-54）

（扫码看视频）

三、勾拳

1. 左勾拳

实战势站立，重心略下沉，左脚蹬地，身体挺腹送髋，带动左拳先下后上屈臂弧线勾击，力达拳面，右拳自然回收于下颌旁。（图2–55 ~ 图2–57）

注意：手臂划弧不宜过大，要运用蹬地挺髋的击打力量。

图2–55

图2–56

图2–57

（扫码看视频）

运用举例：

①运用勾拳可以击打对手下颌以及肋部。（图2-58）

图2-58

图2-59

②当对手下潜准备抱我腿时，可用勾拳击打对手面部及下颌部位。（图2-59）

（扫码看视频）

2. 右勾拳

实战势站立，重心略下沉，右脚蹬地，身体挺腹送髋，带动右拳先下后上屈臂勾击，力达拳面，左拳自然回收于下颌旁。（图2-60～图2-62）

注意： 手臂划弧不宜过大，击打时要运用蹬地挺髋的作用力。

图2-60

图2-61

图2-62

运用举例：

贴身抱缠近战时，用勾拳击打对手下颌或是腹部、肋部。（图2-63）

（扫码看视频）

图2-63

四、转身鞭拳

以右转身鞭拳为例。左实战势站立，前脚支撑，身体向右、向后转动，右脚经左腿向后插步，身体继续向后转；同时，以腰带动右臂顺时针横向鞭击，左拳自然收于下颌旁。（图2-64～图2-67）

注意：转体、插步要快，重心要平稳，手臂沿平圆抡击。

图2-64

图2-65

图2-66

图2-67

（扫码看视频）

运用举例：

以鞭拳击打对手头部侧面。（图略）

第三节 腿法

在散打运动中由于腿法灵活机动，攻击距离远，力度大，还具有一定的隐蔽性，容易给对手造成重创，因此是比赛中最重要的得分手段之一。

一、正蹬腿

1. 左正蹬腿

实战势站立，右脚上步，髋部正对前方，左腿勾脚尖提膝抬起后，挺髋向前直线蹬出，力达脚掌。（图2-68 ~ 图2-70）

注意： 提膝要快，蹬击时要走直线，有穿透力。

图2-68

图2-69

图2-70

（扫码看视频）

2. 右蹬腿

实战势站立，身体重心前移至左腿，提右膝挺髋前蹬，力达脚掌。（图2-71～图2-73）

注意：要求同上。

（扫码看视频）

图2-71

图2-72

图2-73

运用举例：

①运用正蹬腿可以击打对手胸腹部和头部。（图2-74）

图2-74

图2-75

②当对手运用拳法攻击我时，我可用正蹬腿进行阻击。（图2-75）

（扫码看视频）

二、侧踹腿

侧踹腿既可用于进攻又可用于防守，是一种非常重要的腿法技术。以左实战势为例，左腿勾脚尖屈膝抬起时髋部侧对前方，脚掌横向正对攻击目标，挺髋向前踹出，力达脚掌。（图2–76 ~ 图2–79）

注意：提膝要快，踹击时要挺髋，有穿透力。

图2–76

图2–77

图2–78

图2–79

运用举例：

①运用左侧踹腿可以直接踹击对手的胸腹部。（图2-80）

（扫码看视频）

图2-80

图2-81

②运用左侧踹腿技术可踹击对手的大腿，来阻击对手的进攻。（图2-81）

（扫码看视频）

三、鞭腿

1. 左鞭腿

左实战势开始，左侧髋部向前、向右挺出，带动屈膝的左大腿摆起，即将到达攻击目标时挺膝、摆小腿，加速击打目标，力达脚背至小腿下端。（图2–82～图2–84）

注意：鞭腿适合攻击对方的侧面。击打时要以髋带大腿，大腿带小腿，犹如鞭子抽击一样，因此称为“鞭腿”。在攻击腿摆动时，支撑腿要以前脚掌为轴，脚跟向内侧、向前拧转，以便于送髋。

图2–82

图2–83

图2-84

运用举例：

可运用左低鞭腿抢攻偷袭对手的大腿，效果较好。（图2-85）

（扫码看视频）

图2-85

2. 右鞭腿

左实战势开始，动作和要求同左鞭腿。（图2-86～图2-88）

注意： 由于右鞭腿攻击路线长，因此攻击力量更大。

图2-86

图2-87

图2-88

运用举例：

可运用右鞭腿攻击对手身体的任何有效部位，击打头部的杀伤力更大。（图2-89）

（扫码看视频）

图2-89

四、勾踢腿

实战势开始，左脚向左斜前方迈一小步，以右侧胯部带动右腿，勾脚尖向左弧线勾踢对方脚踝部位。（图2–90 ~ 图2–92）

注意：攻击腿要贴地而行，目标是对方的脚踝。

图2–90

图2–91

图2–92

（扫码看视频）

运用举例：

①直接勾踢对手前脚脚踝部位致使对手失去平衡。（图2-93）

（扫码看视频）

图2-93

图2-94

②接住对方的攻击腿时，以勾踢腿勾击对手支撑腿的脚踝部位致使其倒地。（图2-94）

（扫码看视频）

五、扫腿

1. 前扫腿

左实战势开始，左腿支撑下蹲，双手扶地，身体向左侧倾倒；同时，逆时针旋转，以腰带腿沿平圆逆时针横扫，攻击对方支撑腿的脚踝。（图2–95 ~ 图2–98）

注意：下蹲与旋转要同时进行，以腰跨的运行带动腿部发力，目标为对方支撑腿脚踝。

图2–95

图2–96

（扫码看视频）

图2-97

图2-98

运用举例：

当对方以腿法攻击我头部或躯干时，我可以立即下蹲以前扫腿反击。（图2-99）

图2-99

（扫码看视频）

2. 后扫腿

左实战势开始，左腿支撑屈膝下蹲，两手扶地，同时身体顺时针旋转带动右腿沿平圆贴地横扫，攻击对方支撑腿脚踝部位。（图2-100 ~ 图2-103）

图2-100

图2-101

图2-102

（扫码看视频）

图2–103

运用举例：

当对方以腿法攻击我头部或躯干时，我迅速下潜用后扫腿反击，攻其支撑腿踝部。（图2–104）

（扫码看视频）

图2–104

六、转身踹腿

实战势开始，左腿支撑，以左脚前脚掌为轴，身体逆时针旋转；同时，右腿提膝，转身向对方踹击。（图2-105～图2-107）

注意：转体时要以头部的转动带动上体的转动，再带动腿部旋转进行踹击，同时要保持身体的平衡。

（扫码看视频）

图2-105

图2-106

图2-107

运用举例：

运用转身踹腿技术可以攻击对方的胸腹部，也可以攻击对方头部。（图2-108～图2-110）

图2-108

图2-109

（扫码看视频）

图2-110

第四节　摔法

摔法是散打比赛中最重要的得分制胜技术方法之一，恰当地使用摔法不仅能很好地克制对方的拳法和腿法，还往往能在比赛中占据主动。本书介绍的摔法技术是散打比赛中最基本也是最常用的摔法技术，只要掌握娴熟并加以灵活运用，会取得良好效果。

一、接腿别腿摔

以对方使用后鞭腿攻击我为例。在我接抱住对方的攻击腿后，应迅速上右脚别住其支撑腿后脚跟，同时向左快速转头、转体将其别倒。（图2–111、图2–112）

注意：上步快，转体别腿快速连贯，一气呵成。

图2–111

图2–112

（扫码看视频）

二、接腿旋压摔

以对方使用前鞭腿攻击我为例。当我接抱住对方的攻击腿后，应迅速低头、含胸将其腿向自己两腿之间旋转下拉，并用自己的躯干下压对方的大腿，将其摔倒。（图2–113～图2–115）

要点：接抱对方的攻击腿要准确牢固，旋转下压要快速连贯，一气呵成。

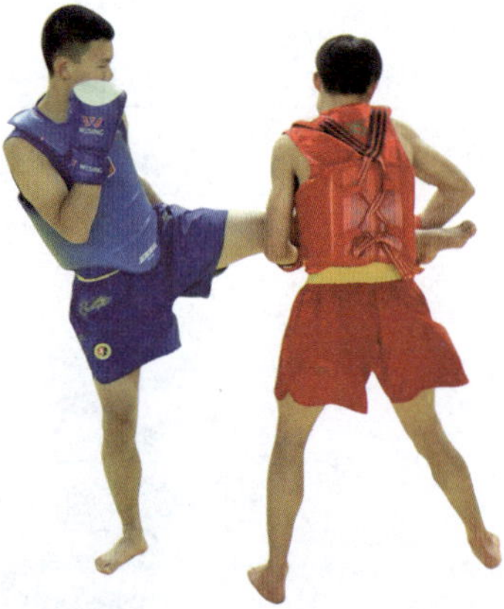

图2–113

图2–114

图2–115

（扫码看视频）

三、勾踢压脖摔

以对手使用后鞭腿攻击我为例。当我接抱住对方的攻击腿后，以右手迅速下压对方的后颈部，同时以右脚勾踢对方支撑腿的脚踝，将其摔倒。（图2-116～图2-118）

要点：右手下压与勾踢要协调一致。

图2-116

图2-117

图2-118

（扫码看视频）

四、接腿手别摔

以对手使用后鞭腿攻击我为例。在我接抱住对方的攻击腿后，迅速上右脚；同时，右手别住对方的支撑腿腘窝处，向左转头、转体将其别倒。（图2-119～图2-121）

要点：手别的部位要准，转体发力时要转头。

图2-119

图2-120

图2-121

（扫码看视频）

五、接腿上托摔

以对方用正蹬腿攻击我为例。在我用两手将其攻击腿接抱住后，应迅速将其腿向上猛力抬起，使其摔倒。（图2–122、图2–123）

要点：接腿要快速准确，上抬要猛。

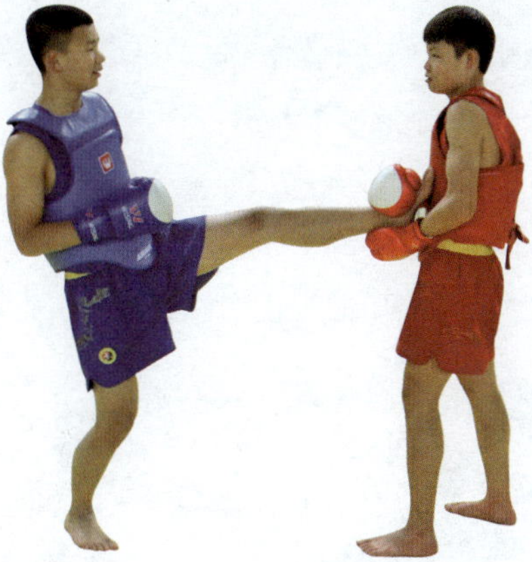

图2–122

图2–123

（扫码看视频）

六、接腿涮

以对方前腿攻击我为例。接抱住对方的攻击腿脚踝处，左脚后撤一步，两手向右、向下、向左、向上弧形摆荡，将对方涮倒在地。（图2–124 ~ 图2–127）

要点：抓握要准确、牢固，撤步与弧形摆荡动作要连贯顺畅。

图2–124

图2-125

图2-126

图2-127

（扫码看视频）

七、夹颈过背摔

以对手用后手摆拳攻击我头部为例。我用左臂格挡并将其手臂搂抱住，随即上右步落在对手右脚前，同时右臂将其颈部夹住，并立即向左转体，左脚后撤到与右脚平行，两腿屈膝，用右侧胯部抵顶住对手下腹部；动作不停，两腿蹬伸，两臂随之发力，向下低头弓腰将对手背起摔倒在地。（图2–128 ~ 图2–130）

要点：步法快，胯部抵顶的位置要准确。

图2–128

图2-129

图2-130

（扫码看视频）

八、插肩过背摔

插肩过背摔的动作与上述夹颈过背摔的动作基本相同，所不同的是右臂不是夹住对方的颈部，而是从对方的左腋下插过。（图2-131～图2-134）

要点：同夹颈过背摔。

图2-131

图2-132

图2-133

图2-134

（扫码看视频）

九、抱腰过胸摔

以对方用拳法攻击我为例。我立即上步下潜，两臂搂抱住对方腰部，随即蹬腿，向上挺髋、仰头，将对方猛力抱起并快速向左转体，将对方翻身摔下。（图2-135～图2-137）

要点：抱腰要紧；蹬腿、挺髋动作要爆发用力。

图2-135

图2-136

图2-137

十、抱单腿坐膝摔

以对方用拳法攻击我为例。我迅速下潜躲闪上步，双手合抱其前腿，并迅速用右手猛力回拉对手脚踝；同时，左肩下压其大腿根部迫使其倒地。（图2–138 ~ 图2–141）

要点：下潜上步要及时，拉脚踝、压肩要协调干脆。

图2–138

图2–139

图2–140

图2–141

十一、抱腿过顶摔

1. 抱双腿过顶摔

以对手用拳法攻击我为例。我迅速下潜躲闪上步，两手将其双腿根部抱住，随即蹬腿、挺腰、抬头将对手抱起向后摔。（图2-142～图2-144）

要点：下潜上步要及时，抱腿要紧；向上发力时腰要直，靠蹬腿的力量将对方扛起。

图2-142

图2-143

图2-144

2. 抱单腿过顶摔

其技法与抱双腿过顶摔相同，不同之处只是由抱双腿变为抱对方前腿根部。（图2–145～图2–147）

要点：与抱双腿过顶摔相同。

图2–145

图2–146

图2–147

十二、抱腿前顶摔

以对方拳法攻击我为例。我迅速下潜躲闪上步，并用两手抱住对方双腿腘窝处，两手屈肘猛力回拉，同时左肩向前顶，将其摔倒。（图2–148～图2–150）

要点：抱腿位置要准确，手拉、肩顶要协调一致、迅猛有力。

图2–148

图2–149

图2–150

第五节　常用组合技术

在现代散打比赛中，仅靠单招攻、防是很难奏效的，必须熟练掌握和灵活运用组合技法。组合技术就是运用两个或两个以上的动作连续攻击的方法。既可单招连续攻击，又可多招连环击打。由于散打技术动作繁多，所以连击方法千变万化。但组合不能是盲目的，要根据动作转换的合理性和实战中运用的可行性、实效性而组合、搭配，才能达到连续攻击得分和重创对手的目的。一般来说，第一次击打的结束应该是第二次击打最佳发力的准备姿势。本书介绍一些散打比赛中最常见且简单易学的组合技术，练习者可根据自己的水平循序渐进地进行练习，来提高自己的散打技术水平。

一、左直拳–右直拳

左直拳加右直拳可以在连续攻击时使用。（图2–151、图2–152）

图2–151

图2–152

二、左摆拳–右直拳

当对方向我进攻时，可以左摆拳加右直拳攻击对方头部。（图2–153、图2–154）

图2–153

图2–154

三、左直拳–右摆拳

当对方向我移动进攻时，可以左直拳加右摆拳攻击对方头部。（图2–155、图2–156）

图2–155

图2–156

四、左低鞭腿–右直拳

当对方向我进攻时，我先以左低鞭腿攻击对方左腿内侧，随后以右直拳攻击对方头部。（图2–157、图2–158）

图2–157

图2–158

五、左侧踹-右直拳

当对方向我进攻时，我先以左侧踹攻击对方胸部，随即以右直拳攻击对方头部。（图2-159、图2-160）

图2-159

图2-160

六、右低鞭腿-右摆拳

当对方向我进攻时，我先以右低鞭腿攻击对方左腿外侧，随即以右摆拳攻击对方头部。（图2-161、图2-162）

图2-161

图2-162

七、左踹腿–右鞭腿

当对方向我进攻时，我先以左踹腿攻击对方胸部，随即以右鞭腿攻击对方左侧。（图2–163、图2–164）

图2–163

图2–164

八、右直拳–右正蹬腿

当对方向我进攻时，我先以右直拳攻击其头部，随即以右正蹬腿攻击对方胸部。（图2–165～图2–167）

图2–165

图2–166

图2-167

九、左低踹-右高鞭

当对方向我进攻时，我先以左低踹腿攻击其左腿根部，随即以右高鞭腿攻击对方头部。（图2-168、图2-169）

图2-168

图2-169

十、防对手右摆拳-右摆拳-左勾拳

当对方以右摆拳攻击我头部时，我左手上扬防守；同时，以右摆拳攻击对方头部，随即再以左勾拳攻击对方腹部。（图2-170～图2-172）

图2-170

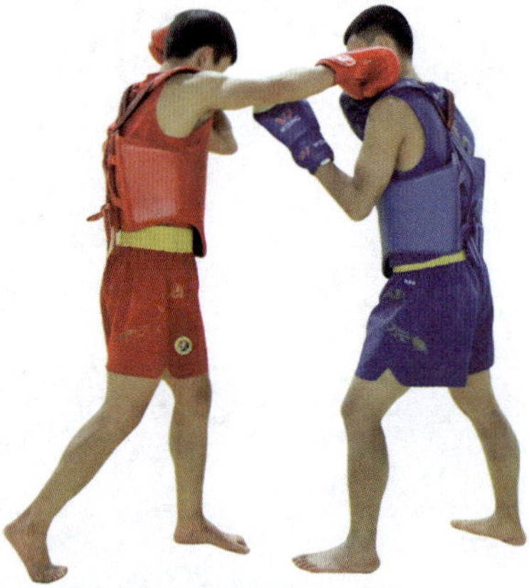

图2–171

图2–172

十一、拍挡对方侧踹腿–右直拳

当对方以左踹腿攻击我时，我先拍挡对方踹腿，随即以右直拳攻击对方头部。（图2–173、图2–174）

图2–173

图2–174

十二、拍挡对方侧踹腿-右鞭腿

当对方以左踹腿攻击我时，我先拍挡对方踹腿，随即以右鞭腿攻击对方头部。（图2-175、图2-176）

图2-175

图2-176

十三、接对方后鞭腿–右直拳

当对方以右鞭腿攻击我腰部时，我从上向下抱住对方攻击腿，随即以右直拳攻击对方头部。（图2–177、图2–178）

图2–177

图2–178

十四、挂防对方正蹬腿–右摆拳

当对方以正蹬腿攻击我胸部时，我先挂防，随即以右摆拳攻击对方头部。（图2–179、图2–180）

图2–179

图2–180

十五、提膝防鞭腿－右鞭腿

当对方以右鞭腿攻击我腰部时，我提膝防守，随即以右鞭腿攻击对方腰部。（图2－181、图2－182）

图2－181

图2－182

第三章 武术散打身体素质基础

身体素质是武术功力的基础。良好而全面的身体素质不仅是全面掌握散打运动技术动作和提高散打运动技战术水平的基本条件，也是练习散打运动过程中和散打比赛中有效避免运动损伤的重要因素之一。因此，在习练武术散打的过程中，要积极全面地加强自身的身体素质。

第一节 柔韧素质

散打运动的许多技术动作需要练习者具备良好的柔韧素质才能完成，尤其是高质量的腿法动作更需要良好的柔韧素质作保障。拳谚就讲："练拳不遛腿，到老冒失鬼。"良好的柔韧素质不仅是初学者学习和掌握散打运动技能的重要基础，而且可以提高肌肉的收缩力量，加快动作速度，使运动器官内部的阻力减少，从而使动作完成得更加轻松和省力。另外，柔韧素质的提高还可以有效降低运动创伤的发生率。

一、柔韧练习方法与手段

发展柔韧素质的基本方法就是拉伸法，即直接对要锻炼部位的有关肌肉和韧带进行拉伸。训练中常见的方法和手段有：

1. 静力性拉伸

既可以自己独立进行拉伸，也可以让同伴帮助进行拉伸。练习时要注意量力而行，尤其是同伴帮助练习时，用力不可突然、过猛，以免受伤。

（1）压肩

面对肋木站立，两脚分开，两臂伸直，双手与肩同宽抓握横杆，略与腰同高，塌腰压肩。（图3-1）

图3-1

（2）吊肩

背对肋木站立，反手抓握横杆下蹲压肩。（图3–2）

图3–2

（3）正压腿

面对肋木站立，一腿伸直置于肋木上，另一腿伸直站立，挺胸收髋下压。（图3–3、图3–4）

图3–3

图3–4

（4）侧压腿

侧对肋木站立，一腿伸直置于肋木上，另一腿伸直站立，脚尖外撇，侧身下压。（图3-5）

注意： 侧压腿练习时髋部应充分打开。

图3-5

（5）压髋

侧对肋木站立，将一脚置于与髋同高的肋木上，支撑腿屈膝下蹲压髋（图3-6）；或者面对肋木站立，一腿支撑，另一腿屈膝勾脚尖置于适当高度的肋木上，侧向压髋（图3-7）；也可做蛙式压髋（图3-8），或者盘腿下坐压髋。（图3-9）

图3-6

图3-7

图3-8

图3-9

（6）压胯

两手抓握肋木，一腿置于适当高度的肋木之上，另一腿支撑，将胯部向下压（图3-10）；或者做成弓箭步状，将胯部下压。（图3-11）

注意：在压胯时，要挺胸立腰，以便于臀部和胯部下沉。

图3-10

图3-11

（7）压跨栏腿

坐在地上，一腿在体前伸直，另一腿在体侧屈膝，如同做跨栏动作（图3–12）；也可侧向下压。（图3–13）

图3–12

图3–13

（8）下桥

仰面躺在地上，两脚约与肩同宽，屈腿支撑，双手翻掌支撑地面，腰背部向上拱起。（图3–14、图3–15）

图3–14

图3–15

（9）劈叉

一腿在前，另一腿在后，两腿伸直，劈开下压（图3–16）；或两腿分别置于两侧，伸直劈开下压。（图3–17）

图3–16

图3–17

（10）压脚踝

两腿并拢跪在地上，脚背着地，臀部坐在脚上（图3–18）；或者上体后倒下压。（图3–19）

图3–18

图3–19

2. 动力性拉伸

常见的手段有甩肩、肩部绕环、踢腿、摆腿、甩腰、涮腰、翻腰等。在运用这些手段进行练习时，应注意动作幅度逐渐增大，速度也应由慢而快，以免肌肉拉伤。

（1）甩肩

小弓步站立，异侧手臂伸直，以肩为轴，沿着体侧的一个立圆做绕环运动。（图3-20～图3-23）

图3-20

图3-21

图3-22

图3-23

（2）踢腿

①正踢腿：直立，一腿上步支撑，另一腿勾脚尖由后向前、向上踢起。（图3-24、图3-25）

图3-24

图3-25

②侧踢腿：侧向站立，以左侧在前为例。右脚经左脚前，交叉上步支撑，然后左腿勾脚尖向上踢起。（图3-26～图3-28）

图3-26

图3-27

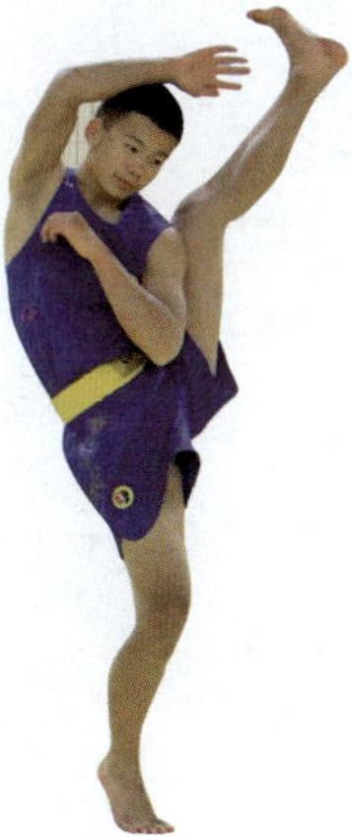

图3-28

（3）里合外摆腿

①里合腿：直立，一腿上步支撑，另一腿向斜外侧前上方踢起后向内摆动划弧落下。（图3-29～图3-32）

图3-29

图3-30

图3-31

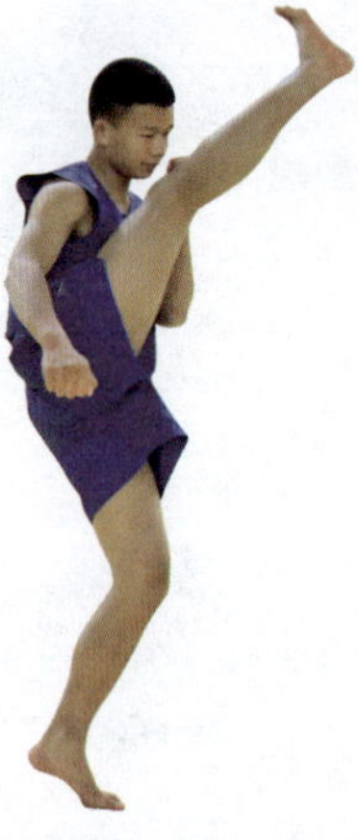

图3-32

②外摆腿：外摆腿踢腿动作运行路线与里合腿正好相反。直立，一腿上步支撑，另一腿向斜内侧前上方踢起后向外、向后摆动划弧落下。（图3–33～图3–36）

图3–33

图3–34

图3–35

图3–36

（4）后撩腿

面对肋木站立，双手与肩同宽，抓握适当高度的肋木，一腿支撑，另一腿伸直，绷脚尖向后上方撩起（图3-37、图3-38）；也可徒手练习。一脚上步后另一脚跟上，并逐步下蹲蓄势，两臂同时落下分别置于体侧，然后双臂向前上举；同时，一腿伸直向后上方撩起，使手臂、身体和撩起腿形成一个U形姿势。（图3-39、图3-40）

图3-37

图3-38

图3-39

图3-40

（5）弹腿

直立，一脚上步支撑，另一腿绷脚尖向前上方由屈到伸进行弹踢，力达脚背（图3-41～图3-43）。弹腿的高度可高可低。弹腿可直接用于实战进攻，攻击敌方的裆部（在散打比赛中禁止使用该方法），或者在对方向前俯身时攻击其面部。

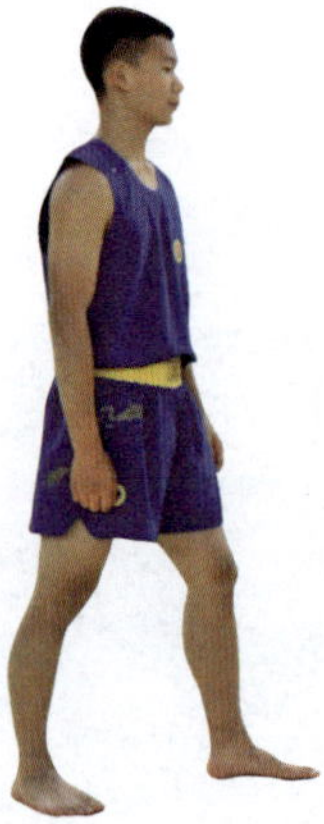

图3-41

图3-42

图3-43

（6）甩腰

两脚与肩同宽站立，以头带腰向后甩，两手可分别扶于两大腿的后侧以保持平衡。（图3-44、图3-45）

图3-44

图3-45

（7）涮腰

两脚略比肩宽，以腰为轴，两手臂带动躯干顺时针或逆时针旋转。（图3-46 ~ 图3-49）

图3-46

图3-47

图3-48

图3-49

二、柔韧练习注意事项

①进行柔韧素质练习之前，应先进行一定的准备活动，使身体预热，以免肌肉拉伤。在身体出汗后练习，效果更好。

②拳谚讲："只压不遛不中用，只遛不压笨如牛。"这是说柔韧练习应将静力性拉伸和动力性拉伸结合进行，比如在锻炼腿部的柔韧性时压腿和踢腿要结合进行。

③散打运动要求具有全面的柔韧性，即身体的各主要关节部位都需要进行锻炼。

④柔韧素质会随着年龄的增长而逐步退化，因此，应保持柔韧练习的经常性。通常在每次练习散打之前，与散打基本功和基本动作结合进行。

⑤不能过分追求柔韧性而影响关节的稳固性。柔韧练习应与力量练习相结合，这样可以避免单一素质的练习带来的不良后果，促使两者协调发展。

第二节 力量素质

肌肉力量是人们完成各种动作的动力之源，其水平高低不仅对速度、耐力等运动素质有重要影响，也影响着技战术的掌握和提高。拳谚讲，"一力破十巧""以力补拙"，充分说明了力量素质在武术散打运动中的重要性。

一、力量练习方法与手段

力量训练的方法和手段很多，但最主要的途径是抗阻力练习。散打运动也不例外。

1. 颈部力量

（1）头手撑

双脚约与肩同宽，以头、手脚撑地，静止不动保持一定时间（图3–50），待练习一段时间，颈部力量增长后，也可仅以头、脚撑地，两手相握置于后面。（图3–51）

图3–50

图3–51

（2）头手倒立

以头和两手为支点形成三角形的支撑面进行倒立，静止不动保持一定时间。（图3-52）

图3-52

（3）体桥

仰卧后，挺胸抬头，身体弯曲成反弓形，仅以头和两脚撑地，静止不动保持一定时间，两脚的距离略同肩宽。（图3-53）

图3-53

（4）绕头跑

从头手撑姿势开始，以头为轴，身体翻转绕动。（图3-54～图3-59）

注意： 该练习应该在头颈部力量和腰腹肌力量及柔韧性达到一定水平后再进行，否则很难完成，而且也容易受伤。

图3-54

图3-55

图3-56

图3-57

图3-58

图3-59

2. 上肢力量

（1）俯卧撑

身体绷直俯卧，双臂支撑做屈伸运动（图3-60、图3-61）；也可将两手推离地面后击掌，以增加练习难度。（图3-62）

图3-60

图3-61

图3-62

（2）引体向上

手握单杠，身体自然伸直，以手臂将身体拉起（图3-63、图3-64），也可穿上沙衣以增加难度。

图3-63

图3-64

（3）卧推杠铃

仰卧在长凳上，手举杠铃做一定数量的屈伸运动。两手距离约同肩宽，要求爆发用力。（图3-65、图3-66）

图3-65

图3-66

（4）平推杠铃

两脚前后站立或平行站立，略同肩宽；手举杠铃在胸前做快速的水平方向的屈伸运动。（图3-67、图3-68）

图3-67

图3-68

（5）负重屈臂

手握杠铃或哑铃，在体前由下向上做屈臂运动。（图3-69、图3-70）

图3-69

图3-70

（6）提拉杠铃

两腿分开站立，俯腰，两手分开抓握杠铃，由下向上提拉。（图3–71、图3–72）

图3–71

图3–72

3. 腰腹背肌力量

（1）仰卧起坐

身体仰卧，双腿并拢弯曲，两脚固定，双手抱头，做起身躺下的动作（图3-73、图3-74），也可手持一定重量的杠铃片于脑后，以增加难度。

图3-73

图3-74

（2）两头起

身体伸直仰卧，两手上举，快速收腹，将两手两脚同时举起，以手拍脚。（图3–75 ~ 图3–77）

图3–75

图3–76

图3–77

（3）俯卧体后屈

身体俯卧，两腿并拢伸直，双手抱头，将头和双腿同时抬起。（图3-78、图3-79）

图3-78

图3-79

（4）侧卧起坐

侧卧，由同伴固定双腿，两手抱头，坐立而起。（图3-80、图3-81）

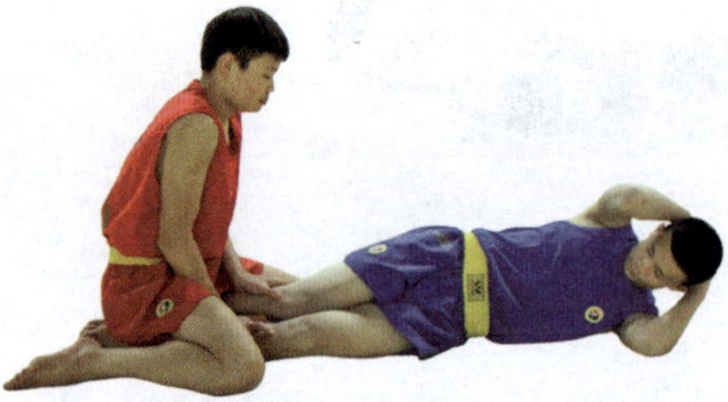

图3-80

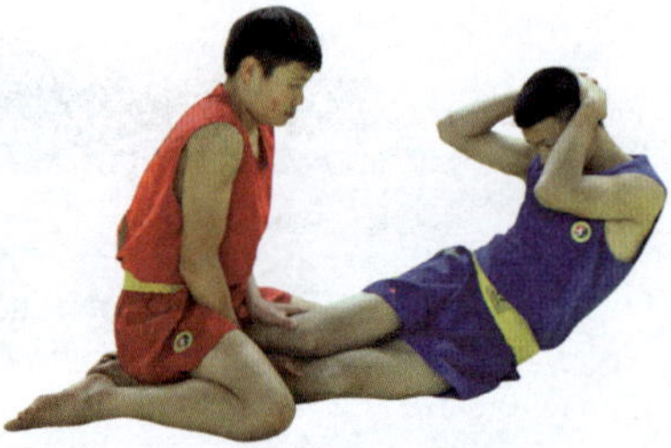

图3-81

（5）肋木举腿

背靠肋木，两手抓握适当高度的肋木悬垂，两腿并拢伸直，做收腹举腿动作（图3-82、图3-83），也可做举腿绕环动作以增加难度。

图3-82

图3-83

（6）负重涮腰

手持一定重量的杠铃片做涮腰动作。（图3-84～图3-88）

图3-84

图3-85

图3-86

图3-87

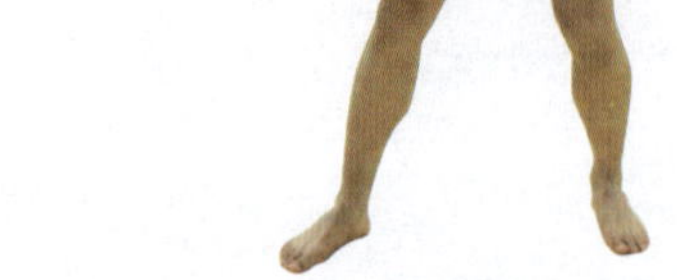
图3-88

（7）抖大绳

双手各握一根大绳，大绳另一端固定，靠大腿、身体核心部位以及手臂协调配合以各种方式抖动大绳，能够很好地发展全身配合协调发力，特别是身体核心区域的力量和耐力。（图3–89、图3–90）

图3–89

图3–90

4. 下肢力量

（1）负重深蹲（跳）

两脚约与肩宽站立，肩负杠铃，做下蹲起立的动作，要求两腿爆发用力（图3-91、图3-92），如果杠铃较轻，也可做下蹲后跳起的动作。特别注意，练习时身体姿势应保持挺胸立腰，避免受伤。

图3-91

图3-92

（2）弓步换跳

两脚前后开立成弓箭步，跳起后两脚在空中前后交换落地再成弓箭步，连续交替进行踏跳。（图3-93～图3-95）

图3-93

图3-94

图3-95

（3）蹲步换跳

一腿屈膝全蹲，另一腿前伸，原地或行进间交换跳步（图3–96 ~ 图3–98），要求两腿跳换频率快。

图3–96

图3–97

图3–98

（4）单腿跳

在平地以单脚向前连续快速大步跳动（图3-99～图3-101），也可连续、快速地向上跳台阶以增加难度。

图3-99

图3-100

图3-101

5. 专项力量

（1）打沙包

为了提高打击力量，应该以拳法、腿法的各种技术动作踢打重沙包。既可以采用单操练习法，也可以采用组合击打法。练习时应循序渐进，避免受伤。

（2）打墙靶（胸靶）

为了提高打击力量，还可以击打墙靶或者胸靶。击打墙靶时，墙靶的高度应调整适当；击打胸靶时，要有同伴配合。击打时的要求与击打沙包相同。

（3）摔布人

摔布人可以提高腰腹肌专项力量。摔布人时应注意保持技术动作的正确，布人的大小、重量应适当。

（4）揉摔对抗

与同伴一起进行揉摔对抗练习，能够很好地提高全面的身体力量，同时还可以提高摔法技术。练习时每组2～3分钟，采用间歇性练习法进行。

二、力量练习注意事项

①力量练习的关键是要有适宜的负荷。应根据自身情况，合理地安排练习的重量与重复的次数。

②力量素质具有专门性的特点，练习力量时应紧密结合散打的专项技术动作进行。

③力量练习的频度以隔天训练效果较好。每周3次较为合适。

④通过训练，力量素质增长较快，但停止训练后消退得也快。因此，应保持力量训练的长期性和系统性。

⑤力量练习后应特别注意肌肉的放松。力量练习应与放松性练习、柔韧性练习或其他练习交替进行，以提高肌肉弹性，防止肌肉僵化。

第三节　速度素质

速度是指人体快速运动的能力。从表现形式来看，又可分为反应速度、位移速度和动作速度。散打运动对速度素质的要求很高，既要反应快，也要速度快，还要动作快。

一、速度练习方法与手段

1. 反应速度

散打运动中人体的反应主要是通过视觉、听觉和触觉对比赛中的各种刺激做出的有意识的应答行动，所以，信号刺激法是提高反应速度的最基本训练法。在各种信号刺激中，应以视觉信号刺激为主，其次是触觉和听觉的信号刺激。

（1）摸肩游戏

两人在移动的步法中，互相以手触摸对方的肩部，在对方进攻的时候可以采用躲闪或格挡等动作进行防守，触摸到1次记1分。每次练习2～3分钟，分数多者为胜方。注意，练习时进攻手的位置要保持适当的高度，以免伤害对方的面部，尤其是眼睛。（图3-102、图3-103）

图3-102

图3-103

（2）踩脚尖游戏

两人在移动中互相以脚尖试图踩踏对方的脚尖，踩踏到1次记1分。每次练习2～3分钟，分数多者为胜方。注意，双方都不能用手抓住对方以控制对方的移动。另外，踩踏时仅以脚尖轻踩对方脚尖，避免以脚跟用力跺踏对方脚部而致其受伤。（图3-104、图3-105）

图3-104

图3-105

（3）示靶练习

由同伴在不同的位置不规律地出示靶子，自己根据情况以相应的动作快速而准确地击靶。（图略）

（4）防守反击练习

由同伴主动进攻，自己根据对方的动作，立即进行相应的防守反击。这种方法还可以采用不接触的方式进行，即双方相距一定的距离，以不能攻击到对方的身体为准。（图略）

2. 位移速度

拳谚讲，“步不快则拳慢”，说明位移速度的重要性。散打运动的位移特征不同于田径运动的直线平跑，具有一次性、间断性、多元性以及多向性的特征，需要上、下、前、后、左、右不停地移动身体重心。因此，散打运动位移速度的练习应紧密结合其步法特征进行练习。

（1）步法移动练习

进行间做各种步法如交叉步、前滑步、后滑步、纵步、击步、垫步等的高频率行进练习。快速跳绳也可很好锻炼步法的灵活性。

（2）步法转换练习

以各种步法进行前进、后退、左右移动的快速转换练习。也可结合口令或手势练习，听见同伴的口令或看见同伴的手势后，迅速做出相应的步法移动。

（3）腿部爆发力练习

腿部爆发性力量的增长，也能提高位移的速度。常见的方法和手段有连续快速的单腿跳、蛙跳、跳台阶、负重半蹲跳等。

3. 动作速度

散打运动中的动作速度总是表现为某一个技术动作或组合动作的快慢，因此，应使用正确的专项技术动作进行动作速度的训练，最好直接使用散打专项动作，或结构特征与散打技术动作基本相同的动作进行练习。

（1）分解练习法

将某一个完整的武术技术动作分解为几个主要环节，或将组合动作分解为单个技术动作或节奏紧密的数个小组合，进行高速的重复训练。注意，在适当的时候，应将分解练习与完整练习结合起来，以免破坏技术动作或组合的完整结构。

（2）减阻练习法

在进行动作速度的训练之前，对技术动作所需要的肢体或部位先进行1～2组有阻力的爆发力练习，然后利用肌肉的后效作用进行动作速度的练习。

（3）变换练习法

进行负重与不负重的交替练习。比如手臂或小腿绑上沙袋与去除沙袋进行交替动作速度练习。

（4）声响刺激法

请同伴或教练发出高频率的声响，按照声响的节奏进行动作速度的练习。

二、速度练习注意事项

①速度素质的优劣很大程度上取决于人体神经系统的状况，通常，人体越兴奋速度越快。因此，进行速度练习时，应该高度集中注意力，通常安排在自己兴奋性高、情绪饱满时进行。

②要紧密结合散打运动速度素质的特征进行练习。

③应防止“速度障碍”的产生。所谓“速度障碍”，是指速度素质提高到一定程度后，由于缺少更快的速度刺激，神经肌肉的联系以及个人心理速度感知基本定型，而使速度素质难以继续提高的状态。出现速度障碍时，可以利用外加的牵引性助力进行练习，突破神经肌肉和速度心理感知的定型。

④速度训练应采用极限强度或次极限强度（即本人的最大速度）的负荷进行练习，持续时间应以不降低每一次（组）练习的速度为准，通常不超过20秒，间歇时应休息充分。

第四节　耐力素质

散打比赛三局两胜，每局净打2分钟，对运动员的耐力素质要求极高。有研究表明，速度耐力是区分散打优秀运动员与一般运动员的一个重要指标。因此，在训练中要有意识地提高自己的速度耐力。另外，由于一局比赛的净时间是2分钟，总时间为3～3.5分钟，一场比赛的总时间大约为10分钟，因此，还要针对这样的散打比赛时间特征来安排耐力素质的训练。

一、耐力练习方法和手段

1. 打沙包或打靶练习

若是为了提高速度耐力，可采用5～8组（次），每组30～40秒极限强度的击打沙包或打靶练习，每组（次）之间休息30～40秒，其目的是休息不充分就要投入下一组（次）的练习。

也可按照散打比赛的时间来进行击打沙包或是打靶的练习。采用4～6组，每组3～3.5分钟次极限强度的练习，每组休息严格按照散打比赛的局间休息时间（1分钟）进行。

2. 揉摔对抗练习

与同伴进行揉摔对抗练习，每组3分钟左右，共进行3～5组的练习。每组休息1分钟。

3. 循环练习

第一站进行15～20秒的拳法击靶练习，结束后立即到下一站进行15～20秒的组合击打脚靶练习，结束后立即到下一站进行15～20秒的接腿摔进攻与防守的练习，结束后再立即到下一站进行15～20秒的贴身摔练习。如此循环往复，以3～3.5分钟的练习为1组，共进行4～6组的练习。每组之间休息1分钟。

4. 坐庄练习

由练习者坐庄，3～5人轮流与之进行条件实战或实战。练习的局数要比正式比赛多1～3局。

5. 各种距离的跑步练习

中短距离的冲刺跑有30米、50米、100米、200米、400米、800米等。

中长距离的耐久跑有1500米、3000米、12分钟跑、5000米、10000米等。

还有各种距离的越野跑和变速跑等。

二、耐力练习注意事项

①散打运动的专项耐力是以一般性耐力素质为基础的，因此要注重一般性耐力素质的练习。

②耐力训练的时间应依据散打比赛的时间特征来进行安排。

③耐力练习不仅是身体素质的训练，更是意志品质的培养过程。同时，坚忍不拔的毅力也有助于耐力素质的提高。因此，应该把耐力素质的练习作为个人意志品质的磨炼来对待。

第五节　灵敏及协调素质

灵敏及协调素质是各种基本运动素质、运动技能和心理感知能力的综合体现，是典型的复合素质。散打运动对灵敏及协调素质的要求很高。良好的灵敏和协调素质不仅是掌握和完善各种技术的基础，也是正确运用和发挥技战术功能的重要保证，还可有效地应付各种意外事件和预防伤害事故的发生。

一、灵敏及协调练习方法与手段

常见的灵敏素质的练习方法和手段有：

1. 步法转换练习

进行各种步法的突然启动、急停、变向的练习。

2. 十字变向跑

在画有“十”字的场地上，沿着“十”字的笔画方向进行快速的跑动。（图3–106）

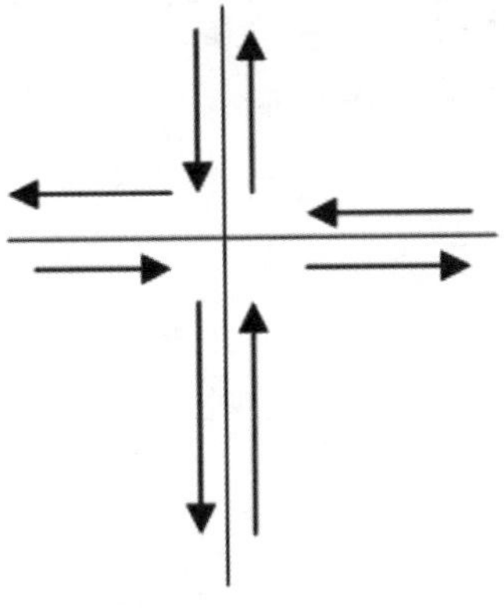

图3–106

3. 障碍跑

在一条直线上设置数个障碍，沿着直线快速跑动，要求绕过障碍。（图3–107）

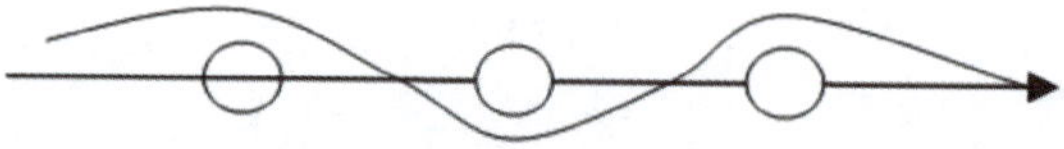

图3–107

4. 绳梯训练

绳梯又叫敏捷梯、速度梯，是指利用平放在地上的软梯为训练工具，通过各种不同的步法变化来提高身体的灵活性、平衡性和协调性。（图3–108）

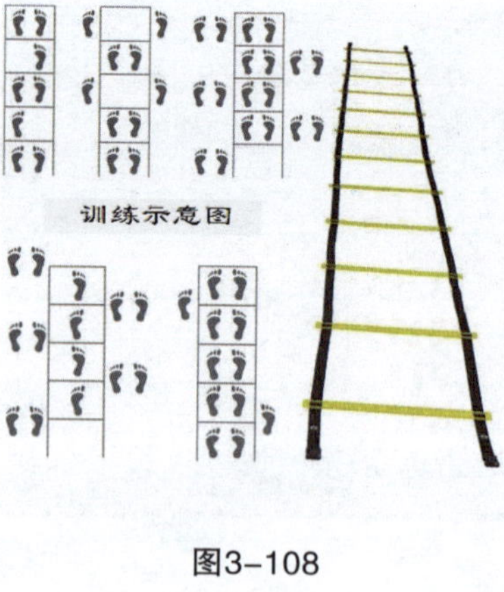

图3–108

5. 立卧撑

进行快速的站立→下蹲→俯卧撑地→下蹲→站立的变换身体姿势的练习。

6. 游戏练习法

采用反应速度练习中的摸肩游戏、踩脚尖游戏，以及传统的贴人游戏和打小鸟游戏等进行练习。

7. 其他练习

经常参加各类体育项目的活动，如篮球、排球、足球、乒乓球等球类项目以及体操等。

二、灵敏及协调素质练习注意事项

①灵敏及协调素质对人体神经系统的兴奋性要求较高，因此，宜在体力充沛、精神饱满的时候进行。但散打比赛的后半程要求人体在疲劳时也应具有良好的灵敏性，因此，也应适当在人体疲劳时进行一定的灵敏素质的练习。

②由于灵敏素质是一种复合素质，其基本特征是要求人体在各种复杂变换的条件下能够迅速、准确、协调地做出相应的动作，因此，应经常进行与速度、准确、协调等相关的基本素质的练习。

③应注重把灵敏及协调素质与散打技战术有机结合进行练习，促使专项灵敏协调素质的发展。

第六节 身体抗击打能力训练的常见方法及手段

身体的抗击打能力是散打运动必修的训练项目之一。只有身体能承受较强的击打力量，在比赛中心态才会轻松自如，即使对方击中了自己，也能很快重新投入战斗。有时还可以利用自身良好的抗击打能力布置战术，故意露出破绽给对方，引诱对方攻击，从而抓住对方的破绽进行致命的反击。

进行身体的抗击打训练最主要的方法就是对身体易攻击部位和易受伤部位进行力量训练，以及在此基础上进行由轻到重的承受自己或同伴击打的训练。

1. 自我拍打头部

手戴拳套，由轻至重拍打自己的头面部，尤其是前额、鼻子、下颌和脸颊等部位。（图3–109）

图3–109

2. 同伴击打头部

同伴手戴拳套，由轻至重地击打自己的头部正面和侧面。注意在被击中的瞬间要紧扣牙齿，颈部要紧张。（图3–110、图3–111）

图3–110

图3–111

3. 躯干抗击打练习

练习者穿上护身，同伴戴上拳套，由同伴用拳或脚击打自己躯干的不同部位。注意，在被击中的瞬间，身体应绷紧憋气，并轻微发出气沉丹田的“嗨”声，以增加抗击打的力量。（图3–112～图3–117）

图3–112

图3–113

图3–114

图3–115

图3-116

图3-117

4. 实心球砸击练习

练习者仰卧，由同伴由轻至重地用实心球砸击其腹部。在被击中的同时，要收腹憋气，并发出“嗨”声。（图3-118～图3-120）

图3-118

图3-119

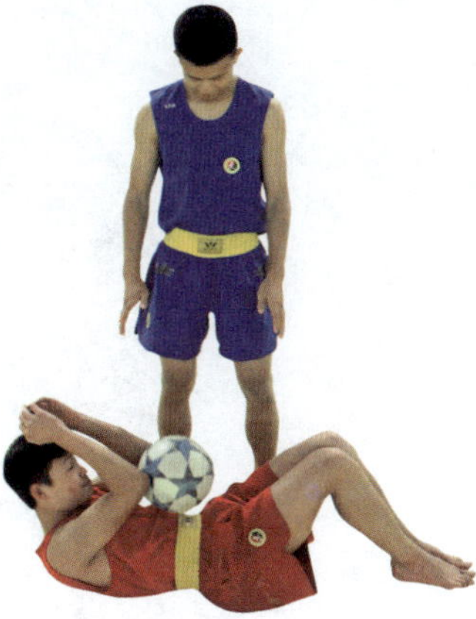

图3-120

5. 踢打腿部练习

练习者以一定姿势站立，由同伴踢打自己腿部的不同部位，以增强抗击打性。（图3–121 ~ 图3–124）

图3–121

图3–122

图3-123

图3-124

6. 脚靶拍打练习

由同伴用脚靶由轻至重地拍打自己身体的不同部位，在被击中的同时应憋气防御。（图3-125 ~ 图3-130）

图3-125

图3-126

图3–127

图3–128

图3–129

图3–130

7. 其他抗击打练习

抗击打练习还有很多方法，比如两人的靠臂练习、靠背练习、靠胸练习，以及用木棒或木片由轻至重地击打练习，踢木桩练习等。需要注意的是，进行抗击打练习应循序渐进，在保证安全的前提下由轻至重地进行；同时还要持之以恒进行系统的训练。另外还要进行自我监控，必要的时候可以辅以药物以增强功效，在出现伤害事故后要及时治疗。

附：武术散打精选战例

战例1：

战例2：

战例3：

战例4：

战例5：

战例6：

战例7：

战例8：

战例9：

战例10：